Cent mots nouveaux

ne figurant pas dans les Dictionnaires
de Langue ou d'Argot français

MODERNISMES

EN -ISME ET EN -ISTE

RELEVÉS

PAR

CARL WAHLUND

UPPSALA
ALMQVIST & WIKSELLS BOKTRYCKERI-AKTIEBOLAG
1898

Études

de linguistique moderne,

publiées

par la Société des néo-philologues

de Stockholm.

I.

STUDIER I MODERN SPRÅKVETENSKAP
UTG. AF NYFILOLOGISKA SÄLLSKAPET I STOCKHOLM
I, 1

Cent mots nouveaux

ne figurant pas dans les Dictionnaires de Langue ou d'Argot français

MODERNISMES

EN -ISME ET EN -ISTE

RELEVÉS

PAR

CARL WAHLUND

Question: «Toujours des mots nouveaux?»
ÉM. FAGUET, *Revue bleue*, octobre 1897.

Réponse: «Quand une idée pourra être exprimée par un mot, ne souffrez jamais qu'elle le soit par une phrase.»
SÉB. MERCIER, *Néologie*, Paris, 1801.

UPPSALA
ALMQVIST & WIKSELLS BOKTRYCKERI-AKTIEBOLAG
1898

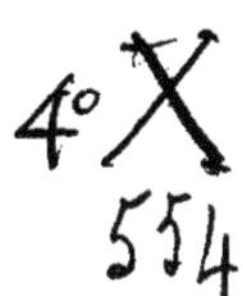

I

COUP D'ŒIL RÉTROSPECTIF

Dans l'ancienne littérature latine on pourra compter une centaine de mots en -ISMUS, -ISTA (environ cinquante-cinq en -ISTA et quarante-cinq en -ISMUS)[1], nombre que les écrivains chrétiens de l'empire romain et les latinistes du moyen âge ont plus que doublé (quelque quatre-vingt-dix mots nouveaux en -ISTA et vingt en -ISMUS)[2]. «ISMUS et ISTA sont d'origine grecque: ισμὸς et ιστής. Mais les suffixes grecs ont de bonne heure passé en latin, et ils s'y sont si complètement naturalisés, qu'on peut à bon droit oublier leur origine grecque. Favorisée par les Pères de l'Église latine, cette dérivation a reçu une grande extension au moyen âge dans le latin de la scolastique; c'est de là qu'elle a passé dans les idiomes vulgaires[3]».

La littérature française médiévale est relativement pauvre en expressions de ce genre, celles-ci étant presque toutes d'origine savante[4]; savant, par exemple, le mot embolisme

---

[1] FORCELLINI, *Totius Latinitatis lexicon.*

[2] DU CANGE, *Glossarium mediæ et infimæ Latinitatis.*

[3] A. DARMESTETER, *De la Création actuelle de mots nouveaux dans la langue française.* Paris, 1877, pag. 208, 209.

[4] «Die Wörter auf -ISTE sind sämmtlich gelehrt. Catéchisme (als Buch) ist begrifflich populär. Ueber die Wörter auf -ISME ist kein Wort weiter zu verlieren, da sie das Volk wohl kaum je zu hören bekommt. Christianisme, das man hier noch erwähnen könnte, war besonders auch ein Wort der Geistlichen. Niemand wird jene Wörter den Erbwörtern gleichsetzen». W. KÖRITZ, *Über das* S *vor Consonant im Französischen,* Strassburg, 1885, pag. 60, 61 & 101. L'idée qui est tout l'opposé du christianisme a été diversement exprimée dans le cours des siècles.

(XIIe siècle, PHILIPPE DE THAON), savants, les mots judaïsme[1], legiste[2], etc. (XIIIe siècle, GAUTIER DE COINCI), comme aussi juriste[2] (XIVe siècle, NICOLE ORESME) ou archemiste[3] (XVe siècle, MARTIN LE FRANC, *Champion des Dames*), etc., etc.[4]

XVIe siècle. La double influence de l'Humanisme et de la Renaissance amena de nouvelles couches de néologismes issues soit de l'Antiquité reconquise, soit de chez les langues contemporaines. Ainsi RABELAIS a créé ce mot bien sonnant: romaniste[5], NOEL DU FAIL a introduit le mot grécisme[5], et le seul H. ESTIENNE met à la mode les néologismes hébraïsme[5], atticisme *(«nayfs atticismes limosins»!)*[6], italianisme[7], gallicisme[2], etc., etc. P. RAMUS, au lieu de gallicisme, dit francisme[8], et JOS. SCALIGER, dans une lettre, confesse ses gasconismes[3] que le sieur ESTIENNE a bien voulu lui corriger. Arrive la Réforme: à des idées nouvelles il faut des mots nouveaux. CLÉMENT MAROT, en 1525, met ensemble et fait rimer luthériste[5] et anabaptiste, de même que RONSARD assimile calvinisme[5] et athéisme; S. FRANÇOIS DE SALES regarde le huguenotisme

---

Ce que CALVIN appelait paganité, on l'appela paganisme dès le siècle suivant, si bien que, dans le nôtre, on est arrivé à dire:

«Paganisme immortel, es-tu mort?»

L. RIGAUD, *Lieux communs,* Paris, 1881.

Les auteurs du moyen âge s'exprimaient bien mieux; MORICE DE SULLI († 1195), dans ses sermons, ne connaît que la forme plus populaire de ce mot: paenisme.

[1] LITTRÉ, *Dictionnaire de la langue française,* Supplément, 1877.

[2] HATZFELD, DARMESTETER & THOMAS, *Dictionnaire général,* 1890—1898.

[3] GODEFROY, *Dictionnaire de l'ancienne langue française,* Complément, 1893—1898.

[4] En ancien français, dans un grand nombre de ces mots en -ISTE, une **r** analogique s'intercale après **t**; W.-W. SKEAT (*Transactions of the Philological Society,* 1885—6, Part I, pag. 1 et suiv.) cite les mots suivants «*with intrusive* **r**»: alchemistre, choristre, decretistre, legistre et sophistre; S. EURÉN (*Recueil de Mémoires philologiques présenté à* M. GASTON PARIS, 1889, pag. 15) parle de «**r** *adventice*» dans salmistre, et G. P. (*Romania,* XIX, 1890, pag. 122) y joint batistre et evangelistre; on pourrait encore y ajouter decretalistre et faitistre (XIVe—XVe siècles, E. DESCHAMPS).

[5] DELBOULLE, *Matériaux pour servir à l'historique du français,* Paris, 1880.

[6] *Dict. historique de la langue fr.,* p. p. l'Académie française, t. IV, 1894.

[7] POUGENS, *Archéologie française, ou Vocabulaire de mots anciens tombés en désuétude, et propres à être restitués au langage moderne,* t. I, 1821.

[8] LIVET, *La Grammaire française et les Grammairiens du XVIe siècle,* 1859, pag. 251.

«*plustot comme un party que comme une religion*[1]», et quant aux mots jésuisme, jésuiste[2], ils semblent avoir été créés par E. PASQUIER. L'anatomiste A. PARÉ[3] emploie, l'un des premiers[4], le mot anatomiste, tandis que l'historien des *Hommes Illustres et Grands Capitaines* nous parle de «*combatz des* impériallistes[5]», et, toujours martial, dans ses *Anecdotes touchant les Duels*, nous entretient de «*loix* duellistes[5]», et que, de son côté, le grand moraliste, le penseur profond qu'était MICHEL DE MONTAIGNE, dans ses *Essais*, méprise, ridiculise le pédantisme (LIVRE I, CHAP. XXIV) et trouve les ergotistes[6] «*tristement inutiles*».

Au siècle suivant, pareillement, sur des pensers nouveaux on fait des . . . mots nouveaux. BOSSUET, alors, prononcera avec abomination le mot cromwellisme[7]; les solitaires de cette «Thébaïde» dont parle avec admiration MME DE SÉVIGNÉ dans une lettre de 1674, sont baptisés tour à tour du nom de port-royalistes[8], de jansénistes, d'arnauldistes[9], et c'est le grand ARNAULD qui nous enrichit du terme philosophisme[10]. En 1661, le savant Jésuite, le P. LABBE, publie un ouvrage où il met déjà sur le titre un mot érudit de son invention: «*La Secte des* hellénistes[10] *du Port-Royal*». Dans un discours académique de 1668, le puriste P. RAPIN demande s'il est permis d'user du terme héroïsme[10], et MÉNAGE, un peu trop gourmet lui aussi, relève ce qu'il appelle des archaïsmes[11] dans les premières poésies de MALHERBE. MOLIÈRE, lui, persiflera non point les philosophes, mais ces «Femmes savantes» qui ont la bouche pleine de platonisme et de péripatétisme[10]. **XVIIe siècle.**

[1] DELBOULLE, *ouvr. cit.*

[2] DARMESTETER, *Création*, etc., pag. 212, note 1.

[3] éd. MALGAIGNE, I, 1840, pag. 112, col. 1.

[4] DELBOULLE, dans ses «Notes lexicologiques», *Rev. d'Hist. litt. de la Fr.*, fasc. du 15 janv. 1895, pag. 112, cite un exemple datant de 1541.

[5] GODEFROY, *ouvr. cit.*

[6] POUGENS, *ouvr. cit.*

[7] LITTRÉ, *Dict.*, t. IV, 1873, *Add. et Corr.*, pag 2590.

[8] PLATTNER, Neufrz. Zeitschr., XI[1], 1889, pag. 141 et 154.

[9] LITTRÉ, Suppl., *Additions*, pag. 357, col. 1. Les contemporains, p. ex. celui qui a donné naissance à l'Académie française, CONRART, disaient aussi arnaldistes (Lettre à RIVET).

[10] *Dict. génér.*

[11] *Dict. histor.*, p. p. l'Acad. frçse, t. III, 1888.

XVIIIe siècle. Dans le siècle qui vient après, le siècle philosophique, DIDEROT écrit sur le leibnitzianisme, et les encyclopédistes remuent des termes jusqu'alors inconnus, tels que atomisme[1], éléatisme, hilopathianisme, etc. Dans son livre (de 1760): *Culte des dieux fétiches,* le président DE BROSSES, membre de l'Académie française, si VOLTAIRE ne s'y fût opposé, ne put pas ne pas créer, pour ce culte des fétiches, le mot fétichisme[1], et l'écrivain le plus éminemment français, dans une lettre de 1765, forgea non moins lestement le mot de plaisanterie asiniste[2]. Bientôt la Révolution va lancer un nombre considérable de mots nouveaux appelés par la situation nouvelle, matérielle et morale; il suffira de citer un seul mot comme exemple, le fédéralisme[1], ce projet attribué aux girondistes[3] de transformer la France en une fédération de petits États, et combattu avec succès par les anti-fédéralistes[4], CAMILLE DESMOULINS en tête. Le mot nihiliste, si noté dans la suite et qu'on a cru[5] naturalisé par le néologue MERCIER (1801), avait été accrédité déjà quatre ans plus tôt par le soldat-écrivain J. LAVALLÉE[1], et un néologisme aussi utilisable que le mot capitaliste[1] a fait son trou dans le Dictionnaire de l'Académie seulement en 1798.

XIXe siècle. En notre siècle, tout comme autrefois et comme il en sera sans doute jusqu'à la consommation des siècles, on veut du nouveau, mais ce serait exagérer que de dire: «du nouveau, quel qu'il soit». Et puis c'est grossir le malheur, si malheur il y a, que d'ajouter: «Si l'on ne sait pas le mettre dans les idées, on tâche de le mettre dans les mots[6]». Les néologismes, qui tout autant que les idées pullulent de nos jours, ne laissent pas d'être, même formés à la hâte et mal faits, même «ruisselants d'inouïsme», souvent les très bienvenus, et l'on serait presque tenté, devant les sévérités[7] de la critique à l'égard des néologismes, de

[1] *Dict. génér.*

[2] LITTRÉ, Suppl., *Additions,* pag. 357, col. 2.

[3] Cp. girondin, PLATTNER, Neufrz. Zeitschr., XI[1], 1889, pag. 153.

[4] Cp. *Le Vieux Cordelier,* Journal rédigé par C. DESMOULINS, Député à la Convention et Doyen des Jacobins, Paris, 1794; no 4, 30. Frimaire, l'an II de la Republique «une et indivisible», pag. 55.

[5] DARMESTETER, *Création,* etc., pag. 213, col. 1.

[6] É. DESCHANEL, *Les Déformations de la langue fr.,* Paris, 1898, pag. 202.

[7] Cp. «En général il est très rare que le néologisme puisse tourner au profit de la langue»; G. PEIGNOT, *Mélanges,* 1818, pag. 73.

souhaiter la venue d'une Deffense et Illustration de cette partie de la langue française. En ce siècle, donc, un MERCIER (1801) parle déjà, et avec un mot archi-nouveau, des quatre-vingt-neuvistes[1]. Qui d'autre que l'encenseur de la «femme de trente ans» aurait produit un «balzacisme» tel que gynaïsme[2]? Le poète VICTOR HUGO inventera le mot prosaïste[3], A. COMTE aura besoin du terme altruisme[4], une trouvaille dont l'idée heureuse fait oublier la forme barbare, et THIERS, à la tribune, se servira d'une expression pesante, mais pourtant très claire: compensationniste[5]. L'économiste CERNUSCHI vient de léguer à sa patrie d'adoption, outre autres belles choses, les deux expressions monométallisme[6] et bimétallisme[6]; un RENAN a autorisé le mot hiéroglyphisme[3]; le maître réaliste FLAUBERT n'a pas reculé devant le mot panmuflisme[7], et enfin il a fallu un «virtuose de l'éreintement» tel que J. BARBEY d'AUREVILLY pour attraper le mot brutal piedplatisme[2].

Dates. Veut-on des dates pour les temps les plus proches, on se rappellera, p. ex., que c'est par suite des succès, en 1831, du fameux drame werthérisant d'A. DUMAS père, que naquit, pour bientôt mourir, l'antonysme; que c'est après l'importation, en 1844, de la nouvelle danse polonaise que firent fureur les polkistes[8], et que, naturellement, ce n'est que dès le 2 décembre 1851 qu'on peut parler de décembristes. Vers 1852, le médecin suédois M. HUSS a introduit dans la langue médicale le mot alcoolisme[9], et en France, une dizaine d'années plus tard, le médecin et littérateur A. LUNEL a donné à une maladie analogue le nom d'absinthisme[10]. C'est à partir de 1867 (d'après SACHS[11]) que surgirent, avec la Diva suédoise, les nilssonnistes. En 1870, au Concile de Rome, a sonné l'heure du triomphe fatal des

---

[1] DARMESTETER, *Création*, etc., pag. 214.

[2] SACHS-VILLATTE, Supplement-Lexikon, 1894.

[3] DELBOULLE, *ouvr. cit.*

[4] LITTRÉ, *Dict.*

[5] id. ib. t. IV, 1873, *Add. et Corr.*, pag. 2588.

[6] A. KRESSNER, l'Archiv de *HERRIG*, LXVIII, 1882, pag. 119; H.-J. HELLER, Gallia, I, 1882—1883, pag. 120; B. UBER, Franco-Gallia, III, 1886, pag. 163.

[7] DELESALLE, *Dict. Argot-Français & Français-Argot*, 1896.

[8] LORÉDAN LARCHEY, *Dict. hist. d'Argot*, 7me éd., 1878.

[9] LITTRÉ, Suppl.; *le livre de* HUSS «Den kroniska alkoholismen» *parut en* 1852.

[10] L. RIGAUD, *Dict. d'Argot moderne*, 1888.

[11] Encyklopädisches Wörterbuch, 1875, s. v. nilssonniste.

infaillibilistes, et en France, l'année suivante, pendant l'organisation de la défense en province, on créa le terme de gambettistes pour désigner les fonctionnaires nommés par le Dictateur de cette époque. Le septennalisme date de 1872. La politique modérée et expectante de GAMBETTA recevra de lui, vers 1876, le nom d'opportunisme[1]. Plus tard le wilsonisme, florissant grâce au beaupérisme par trop débonnaire du président GRÉVY, hâtera la chute de celui-ci. C'est vers la même époque, 1887, 1888, que les chosistes, c'est-à-dire les partisans du général CHOSE, gravitent dans le système du solarisme[2] boulangiste, dont l'astre, semblable à un fulgurant météore, jette son éclat le plus vif au moment même de s'éclipser à jamais, et pour ce qui est de l'attristant panamisme, de 1892, il est trop près de nous pour ne pas être dans toutes les mémoires. Quant aux toutes dernières années, on peut dire avec un auteur de la *Revue bleue* (n° du 16 avril de cette année) que «la période de 1891 jusqu'aux derniers mois de 1896, si troublée de menus faits, a vu l'éclosion et le déclin de bien des écoles, la fin du Naturalisme, l'éphémère et nébuleux passage du Symbolisme, le triomphe du Wagnérisme, de l'Ibsénisme, etc.» Enfin, pour terminer — comme on a commencé — par une citation de feu A. DARMESTETER[3], «chacun de ces mots nouveaux n'est que le signe et le produit d'un fait nouveau; c'est le retentissement de l'histoire dans la langue».

Le rapide exposé qui précède laisse entrevoir combien, à travers les siècles, le parler — y compris l'argot — va sans cesse s'enrichissant de mots nouveaux plus ou moins nécessaires ou simplement utiles, plus ou moins légitimes et vivaces[4]; car à tous les instants de la langue, il y a eu néologie, et il est évident que jamais langue vivante n'est fixée et que jamais le vocabulaire n'en sera clos.

---

[1] Voir les Dict. de LARCHEY, 1878, de RIGAUD, 1888, de DELESALLE, 1896, etc., etc.

[2] Voir plus loin, pag. 21, *Formation savante*.

[3] *Création*, etc., pag. 37.

[4] SACHS-VILLATTE, Encykl. Wtbch, Große Ausgabe, contient environ quinze cents mots en -ISME, -ISTE, ou en -ISME huit cents moins une dizaine, et en -ISTE sept cents plus une dizaine; le Suppl.-Lexikon des mêmes auteurs y ajoute huit cents, ou, pour ne pas entrer dans des détails, près de quatre cent cinquante en -ISME, et un peu plus de trois cent cinquante en -ISTE.

II

GLANURES

Aux nombreuses moissons de néologismes français faites au cours des vingt dernières années*, vient s'ajouter, sans que, peut-

* Citons:

E. BOUTMY, *Dict. de la Langue Verte typographique,* 1878.

L. LARCHEY, *Dict. histor. d'Argot,* 7me éd., 1878; *Supplément,* 1880.

O. SCHULZE, O. SCHMAGER, A. KRESSNER, P. PLATTNER, R. MEYER, A. HAYN, J. SARRAZIN, B. UBER, H. GAUTHIER-VILLARS et E. KOSCHWITZ, Neufrz. Zeitschr., I, 1879—XI, 1889.

A. DELBOULLE, *Matériaux pour servir à l'historique du français,* 1880.

É. MARTIN, *Le Courrier de Vaugelas,* X, 1880—1881, pag. 11, col. 1 & 2, etc.

L. RIGAUD, *Dict. d'Argot moderne,* 1881; nouv. éd., 1888.

K. FOTH, A. KRESSNER, l'Archiv de HERRIG, LXVI, 1881; LXVIII, 1882.

H.-J. HELLER, J. SARRAZIN, FÖRTSCH, A. KRESSNER, Gallia, I, 1882-1883.

A. DELVAU, *Dict. de la Langue Verte,* 3me éd., 1883, avec *Supplément* de FUSTIER.

A. MACROBE(?), *La Flore pornographique, Glossaire de l'École naturaliste,* 1883.

E. BOUTMY, *Dict. de l'Argot des Typographes,* 1883.

C. VILLATTE, Parisismen, Berlin, 1884; 2me éd., 1888; 4me éd., 1895.

A. VOGT, B. UBER, Franco-Gallia, II, 1885—IV, 1887.

L. MERLIN, *La Langue Verte du Troupier, Dict. d'Argot militaire,* 1886.

A. BAVIÈRE, *Argot and Slang,* London, 1887.

A. DELVAU, *Le grand et le petit Trottoir,* 1890.

A. TIMMERMANS, *L'Argot parisien,* 1892.

SACHS-VILLATTE, Supplement-Lexikon, 1894.

C. VIRMAITRE, *Dict. d'Argot fin-de-siècle,* 1894.

A. LÉVY & G. PINET, *L'Argot de l'X* (c.-à-d. de l'*École polytechnique*), 1894.

J. LA RUE, *La Langue Verte,* 1895.

G. DELESALLE, *Dict. Argot-Franç. & Franç.-Argot,* 1896.

J. LERMINA & H. LEVÈQUE, *La Langue Verte,* 1897.

A. DELBOULLE, *Rev. d'Hist. litt. de la France,* I, 1894—V, 1898. Etc., etc.

être, le besoin s'en soit précisément fait sentir, cette modique arrière-récolte, glanée à l'aventure dans les écrits du jour, périodiques et journaux. Ce n'est pas que ces glanures prétendent à augmenter notablement, ni bien définitivement, le trésor de la langue française. On trouvera d'abord ici de ces mots éphémères qui naissent d'un caprice instantané, pour n'y plus survivre, puis de ces noms nouveaux mis en circulation par la mode et appelés à vivre (selon l'expression d'A. DARMESTETER) «ce que vivent les modes, l'espace d'une saison». On y trouvera encore, à côté de ces créations fugitives, certaines expressions un peu moins passagères, dues à une actualité quelconque, mais qui tôt ou tard disparaîtront à leur tour avec le souvenir de la circonstance qui les a fait naître. En dernier lieu, il s'y rencontrera aussi, par bonheur, plus d'un néologisme que n'a pas créé le seul désir inquiet de nouvellisme, d'autrechosisme, d'inéditisme, mais bien un besoin réel, comme c'est le cas, p. ex., pour la plupart des nouveaux termes scientifiques. On doit d'ailleurs prendre en considération que tels néologismes qui auront vécu, peuvent toujours revivre à un moment donné*, et que tels autres, pour n'avoir guère paru viables à leur entrée dans le monde, ne sont pourtant pas des mort-nés.

* Ainsi, il y a de prétendus néologismes de nos jours qui ne sont pas du tout néologismes de nos jours. Dans *L'Illustration* du 28 mars 1885, «PERDICAN» s'écrie: «*Moderniste! M. F. CHAMPSAUR, dans son roman nouveau, très monté de ton et très mondain de style, «Miss América», se vante d'avoir le premier écrit le mot. Le mot a fait son chemin, voilà le certain*»; seulement, c'est là un chemin qui vient de plus loin qu'on ne le supposerait, un autre homme de plume, JEAN-JACQUES, ayant déjà — au siècle dernier — dans une lettre de 1769, couché par écrit ce mot redevenu moderne (voir LITTRÉ, *Dict.*). De même, dans son *Dict*, t. IV, 1873, *Add. et Corr.*, pag. 2573, et dans son *Suppl.*, 1877, LITTRÉ dit formellement — et, cette même année, DARMESTETER, dans son grand ouvrage, *Création*, etc., chap. XIII — que le mot archaïsme appartient à MERCIER, *Néologie*, t. I, 1801, pag. 45; on a vu plus haut, pag. 5, que déjà — au XVIIe siècle — MÉNAGE le connaissait. Le mot civiliste, p. ex., serait (d'après SACHS, Wtb.) un récent néologisme dû à un professeur de législation comparée; or, ce soi-disant néologisme est ancien (si l'on peut accoupler ces deux mots), puisque déjà — au XVIe siècle — PASQUIER l'employait dans l'acception actuelle: «*savant dans le droit civil*» (voir GODEFROY, *Compl.*). A comparer, les réflexions si justes que fait DARMESTETER, *ouvr. cit.*, pag. 177, en note, à propos d'un mot qui a d'abord figuré chez MONTAIGNE (ou même auparavant — aux XIVe-XVe siècles — chez CHRISTINE DE PISAN) et que, plus tard, l'inimitable ROUSSEAU dit expressément avoir créé; le véritable père est celui qui sait donner au nouveau terme de la durée, et non pas tel qui l'aura jeté le premier sur le papier.

Tel qu'il est, enfin, fort mélangé sans doute et parfaitement hétérogène, voici le relevé des modernismes en question.

Éléments français, avec la terminaison -ISME, -ISTE.

Éléments français.

Dérivés d'un substantif simple:

[1]athlétisme; «Les artistes grecs . . . travaillaient à créer une race forte et belle en ne représentant que des types parfaits; par la glorification de l'athlétisme, ils façonnaient une jeunesse exercée et vaillante.»

E. MÜNTZ, *Rev. bleue*, n° du 11 juin 1898, pag. 740, col. 2.

[2]bibelotisme;

J. CLARETIE, *Le Temps* du 20 juin 1884.

Dérivés d'un substantif composé:

[3]entr'actiste; «Dieu a créé les sept jours de la semaine en bloc. En détail, M. Perrin a créé le mardi du Théâtre-Français; M. Vaucorbeil le vendredi de l'Opéra, et M. Carvalho le samedi de l'Opéra-Comique. De là une espèce nouvelle de spectateurs, appelés *mardistes, vendredistes* et *samedistes.* Celui qui écrit ces lignes les qualifie du terme générique d'*entr'actistes.* Le mot s'explique de lui-même.»

Le Figaro du 7 déc. 1885.

Dérivés d'un adjectif:

[4]bilinguisme; «La Belgique èst en train de devenir officiellement bilingue, et si l'on considère que, depuis quatorze ans, c'est à l'appui de l'élément flamand que les ministères ont dû de se maintenir au pouvoir, on pressent au profit de qui, finalement, ce *bilinguisme* s'établira.»

É. BERR, *Rev. bleue*, n° du 19 mars 1898, pag. 382, col. 2.

[5]conjugalisme; «Le Conjugalisme ou l'art de se bien marier, par le vic[te] DE S.», *titre d'un petit volume in*-18, Paris, 1823.

[6]futuriste; «La littérature futuriste»; *(p. ex. les romans visionnaires entre-bâillant une porte sur nos destinées futures).*

F. D., *Les Débats* du 17 sept. 1895.

[7]puérilisme; «A propos de Fichte, il (E. COMBES) attaque le *puérilisme* de Schmid, de Froebel et de M. Kuhff.»

A. CHUQUET, *Rev. crit.*, n° du 12 déc. 1887, pag. 465.

[8]septentrionalisme; (IBSEN *contra* d'ANNUNZIO, *etc.*).
É. ROD, *Les Débats* du 19 déc. 1896, ou environ.

Dérivés d'un verbe:

[9]arriviste; «. . . jeune banquier sans scrupules, type du parfait arriviste.»

Les Débats du 10 oct. 1897;

«Tous ces jeunes gens (de la génération de 1880) sont des *arrivistes* enragés.»
É. FAGUET, *Rev. bleue,* n° du 20 nov. 1897, pag. 664, col. 1;

«. . . valets de leur ambition, ces parfaits arrivistes.»
G. ART, *Rev. bleue,* n° du 8 janv. 1898, pag. 64, col. 1.

Dérivés d'un mot fait à plaisir:

[10]espérantiste; «L'Espérantiste», *organe du* «Klubo esperantista», *se publie actuellement à Paris.*

Éléments empruntés.

***Éléments latins,* avec la terminaison -ISME, -ISTE.**

[11]bovomobilisme *(dérivé du lat.* bos, bovis *et* mobilis; *la voyelle de liaison du premier terme composant est un* o *comme en grec);* «Mais le bœuf? *(Il s'agit du défilé du Bœuf gras.)* Comment l'introduire, ce ruminant, dans l'épopée de notre histoire? Grave difficulté! . . . Il y a bien les rois fainéants, qui tentèrent d'introduire dans nos usages le «bovomobilisme». Oui, sans doute. Mais . . .»
A. BEAUNIER, *Rev. bleue,* n° du 29 janv. 1898, pag. 159, col. 1.

[12]canicidisme *(dérivé du mot savant* canicide, *qui est composé d'après le type latin* homi-cidium, parri-cidium, matri-cidium, fratri-cidium, sorori-cidium, infanti-cidium, tyranni-cidium, *etc. Cp., p. ex.,* innocenticide (GEORGE SAND) et tyrannicide. *Il y a aussi des adjectifs comme* députicide, insecticide, larvicide, liberticide, microbicide (B. UBER, Neufrz. Zeitschr., VIII[1], 1886, pag. 358), ministricide (B. UBER, Neufrz. Zeitschr., VI[1], 1884, pag. 249), raticide, somnicide, tyrannicide, *formés d'après le type latin* tyranni-cida, *etc.). Le mot est employé dans Le Temps* du 1[ier] janv. 1884, *par* G. DE CHERVILLE, *littérateur cynégétique* († 1898), *auteur des* «Aventures d'un chien de chasse», *de l'*«Histoire d'un trop bon chien», *etc.*

([13]connexionisme; «L'individualisme des protestants, et le fort *connexionisme* des catholiques et des israélites.»

É. FAGUET, *Rev. bleue*, n° du 9 avr. 1898, pag. 472, col. 1.)

[14]conventionalisme; «Le conventionalisme pur de presque toutes les descriptions de beauté feminine au moyen âge y est (*dans l'ouvrage de* R. RENIER, «Il tipo estetico della donna nel medio evo») parfaitement mis en lumière, et c'est un trait qui a son importance pour l'appréciation intellectuelle, artistique et morale de cette époque.»

Romania, XIV, 1885, pag. 316.

Éléments grecs, avec la terminaison -ISME, -ISTE.

[15]étymologisme; «Phonétisme, archaïsme et étymologisme», *titre d'un article de* L. CLÉDAT, *dans la Rev. de Philol. frçse et prov.*, V, 1891, pag. 59.

[16]hiérophantisme; «La faculté maîtresse de M. Jaurès ne me semble pas du tout la vanité; mais pas du tout. Elle me semble le lyrisme. C'est — puisqu'il s'agit de ridiculiser, n'est-ce pas; acceptons un instant ce parti pris — c'est la monomanie pindarique, c'est l'*hiérophantisme* . . .»

É. FAGUET, *Rev. bleue*, n° du 5 févr. 1898, pag. 175, col. 1.

{[17]oxytonisme,
[18]paroxytonisme; «Entre les deux *(la versification populaire latine et la versification française)* il y a eu, si je ne me trompe, une véritable révolution, causée par la substitution, dans la langue, de l'oxytonisme prédominant au paroxytonisme presque absolu de la période du latin vulgaire.»

G. P., *Romania,* XIII, 1884, pag. 623.

[19]panoramiste; «La Société des Pastellistes est fondée. Nous aurons ensuite les Naturemortistes, les Portraitistes, les Légumistes, les Panoramistes, les Vérétistes, un tas de noms en -iste qui finiront par casser la tête au public.»

«PERDICAN», *L'Illustration,* n° du 13 mai 1882.

[20]pneumatisme; «Différentes transformations de ce naturisme, qui fut l'origine du pneumatisme avec Athénée* . . .»

Dr CORLIEU, *Journ. offic.* du 30 nov. 1874.

---

* Cp. LITTRÉ, *Dict.,* s. v. pneumatiste.

Composés hybrides **(moitié grecs, moitié latins), avec la terminaison -ISME, -ISTE.**

[21]anthropocentrisme; «De l'anthropomorphisme nous ne nous dégagerons jamais; dans l'anthropocentrisme nous sommes enchaînés pour toujours, parce qu'il y a une prison d'où l'homme ne s'évadera jamais, c'est à savoir de lui-même.»

É. FAGUET, *Rev. bleue,* n° du 30 oct. 1897, pag. 561, col. 2.

[22]anti-nobilisme; «La politique de 1848 (anti-cléricalisme*, laïcisme, anti-nobilisme, anti-aristocratisme) a fait son temps, si jamais il a été bon qu'il y eût un temps pour elle.»

É. FAGUET, *Rev. bleue,* n° du 5 févr. 1898, pag. 176, col. 1.

[23]automobilisme**; «Vélocipédie et Automobilisme», *titre d'un livre de* F. RÉGAMEY, Mame, 1897.

Éléments italiens, **avec la terminaison -ISME, -ISTE.**

[24]tombolisme,
[25]ultra-tomboliste; «Qu'est-ce que le *tombolisme?* Le tombolisme est l'application du principe de la tombola au mode de gouvernement des hommes par les hommes, . . . le tombolisme est la mise de ce pouvoir à la portée de la foule. Le gouvernement est constitué par la tombola et la tombola gouverne la terre. Le tombolisme, c'est de la vraie démocratie, l'égalité parfaite devant le hasard. — Trop de logique nuit aux causes les meilleures et le *tombolisme* n'a de pires ennemis que les *ultra-tombolistes.*»

«PERDICAN», *L'Illustration,* n° du 8 nov. 1884.

Eléments espagnols, **avec la terminaison -ISME, -ISTE.**

[26]vanillisme*** (*dérivé de l'espagn.* vainilla *ou* heliotropio de Indias); E. DECAISNE, *Revue scientifique:* «Le vanillisme, ou accidents causés par la vanille»;

L'Univers illustré, n° du 17 nov. 1883

(d'après la Revuenschau de la Franco-Gallia, I, 1884, pag. 25).

* Cp. «La Chambre a déclaré qu'elle n'était ni cléricale, ni persécutrice de la religion; elle a condamné l'antisémitisme, l'antiprotestantisme et généralement toutes «les querelles de race et de religion . . .»

P. SOUDAY, *Rev. bleue,* n° du 30 avr. 1898, pag. 558, col. 2.

** Voir, pour ce mot, É. DESCHANEL, *Les Déformations de la langue française,* Paris, 1898, pag. 201, 202.

*** Cp. bromisme, strychnisme.

Éléments anglais, avec la terminaison -ISME, -ISTE.

[27]bossisme; «L'homme qui . . . fait jouer les ressorts essentiels du mécanisme *(il s'agit de* TAMMANY, *nom d'un chef indien, puis d'une humble société de secours mutuels, transformée actuellement en une machine à élection)*, donne les mots d'ordre, choisit ou accepte les candidatures, . . . le grand chef enfin, c'est le *boss*, et l'on a créé naturellement le mot grotesque de «bossisme» pour désigner le système particulier d'organisation politique, où l'exercice de la fameuse liberté individuelle américaine aboutit au despotisme le plus absolu d'un homme, qui s'est constitué lui-même *boss* et n'est responsable devant aucune juridiction.»

A. MOIREAU, *Rev. bleue*, n° du 13 nov. 1897, pag. 617, 618.

[28]jingoïsme,
[29]jingoïste; «désignent le fanatisme et les fanatiques belliqueux aux États Unis. C'est en 1887 ou 1888 qu'une chanson de café-concert créa, à l'aide du petit juron sacramentel: by jingo (traduisez, si vous y tenez, par sac-à-papier!), ce mot symbolique national, mot de ralliement patriotique.»

Le Figaro du 16 avr. 1898.

[30]tammaniste*; «L'élection du juge Van Wyck *(à la mairie de New-York)* est avant tout une victoire du «bossisme» démocrate-tammaniste sur le «bossisme» républicain.»

A. MOIREAU, *Rev. bleue*, n° du 13 nov. 1897, pag. 617, col. 2.

Éléments exotiques, avec la terminaison -ISME, -ISTE.

[31]fahavalisme; «Les Malgaches n'aiment pas plus que nous à être mouillés. Les Sakalaves, au temps où florissait le fahavalisme et où, de leurs expéditions annuelles . . ., ils rapportaient le bétail qui les nourrissait et les esclaves qui les enrichissaient, se tenaient régulièrement dans leur village à pareille époque *(la saison des pluies)*.»

C. GIRAUDEAU, *Rev. bleue*, n° du 1[ier] janv. 1898, pag. 30, col. 2.

* Pour TAMMANY voir plus haut, s. v. bossisme. On se serait attendu à une forme tammanyste, à l'instar des termes antonyste, babysme, dandysme, fazyste, ferryste, fortunyste, grévyste, torysme, etc., à côté de, p. ex., cluniste, champfleuriste.

Noms propres.

Noms de personnes, avec la terminaison -ISME, -ISTE *.

32 alfiériste; «L'Italie alfiériste et métastasienne».
Rev. du Monde latin, 1884, pag. 292.

33 aristarquiste; «J'ai dû passer mon temps à courir les nouveautés comme un pur lendemainiste, soiriste ou autre aristarquiste.»
«RASTIGNAC», *L'Illustration,* n° du 8 oct. 1887.

34 armandiste**;
G. LARROUMET, *La comédie de Molière,* 1886, pag. 169, note.

35 cookiste; «Tous les pèlerins et cookistes de Bayreuth (*c.-à-d. voyageurs du circulaire* COOK).»
A. MICHEL, *Les Débats* du 9 nov. 1897.

36 frascueliste; «Nous devions avoir, en fait de séduction espagnole, Frascuelo, le torero . . . Paris perd donc encore une catégorie d'enthousiastes nouveaux: les *frascuelistes.*»
«DESGENAIS», *L'Indépendance belge* du 6 avr. 1884.

37 gevaërtiste; «. . . la deuxième partie du livre de M. Tiersot: *Formes tonales et rhythmiques.* Ce n'est pas que je partage ses idées, ni en tonalité, ni en rhythme. D'une part, je ne suis pas «Gevaërtiste», tout en reconnaissant le mérite des théories du successeur de Fétis; et . . .»
A. LOQUIN, *Mélusine,* IV, 1888—89, col. 547.

38 ibsénisme; «Il (E. ROSTAND) nous a rendu les beaux et nobles héroïsmes de Corneille, les délicats et raffinés susurrements de Racine. Il nous a arraché aux *ibsénismes* . . ., pour nous redonner, modernisée, la belle tragédie française.»
P. BRUN, *Rev. bleue,* n° du 22 janv. 1898, pag. 110, 111.
(Voir aussi plus haut, pag. 8, *l.* 20.*)*

39 irvinguiniste***; «Je regrette bien que M. H. IRVING ne soit pas venu à Paris. Nous verrions naître les *Irvinguinistes*

---

* A ajouter, outre le mot tammaniste (pag. 15), les mots dont il sera question plus loin: beyliste, dantiste, goncourtisme, hypqcratiste, jéròmisme, ludoviciste, naquetisme, nietzschiste, pétrarquisme, victorisme.

** Cp., p. ex., béjartisme.

*** Pour -in-, cp. plautiniste.

après les *Zucchistes,* car il y a des *Zucchistes,* des *aficionados* de la jolie danseuse italienne . . .»

«DESGENAIS», *L'Indépendance belge* du 6 avr. 1884.

[40]naundorfiste*; «Je suis heureux de constater que M. Sardou sépare sa pièce *(Paméla)* de la cause naundorfiste (NAUNDORFF, *un des prétendus dauphins* LOUIS XVII).»

Lettre de M. URB. DE MAILLÉ *(représentant de don Carlos en France) à* M. SARDOU, *dans Le Temps* du 24 févr. 1898.

[41]plautiniste**; «Mais tout cela (RASSOW, *De Plauti substantivis, diverses observations sur les substantifs employés par* PLAUTE) ne rend pas aux plautinistes des services continuels et indispensables. L'index de M. Rassow est au contraire un très précieux outil . . .; l'accessoire se trouve être le principal.»

L. HAVET, *Rev. crit.*, n° du 12 juin 1882, pag. 461.

[42]rodbertiste; «Il n'y a aucune raison pour qu'une organisation sociale d'esprit Rodbertiste exclue ce minimum de possession privée, sous le contrôle des lois et sous la réserve du principe supérieur en vertu duquel pour personne travailler n'est facultatif (RODBERTUS, Das Kapital).»

G. LYON, *Rev. bleue,* n° du 25 déc. 1897, pag. 818, col. 1.

[43]ropsiste; «(Certain livre) imprimé pour les «Bibliophiles contemporains», avec Frontispices en couleurs, d'après F. Rops, ne se trouve point dans le commerce, et bien des fervents «ropsistes» ne pourront se procurer les planches singulières que leur artiste de prédilection a spécialement composées pour ce livre.»

Les Débats du 9 mars 1896.

([44]saintgraaliste***; «Les cyclistes de la Table ronde avaient depuis longtemps mis la prose en gloire. Je m'imagine même que la prose de ces «Saintgraalistes» ne fut pas pour déplaire à l'auditoire un peu léger qui les écoutait.»

L. GAUTIER, *Ép. frçses.* II², 1892, pag. 557.)

[45]satanisme; *un des «zolismes» du dernier roman de* M. ÉM. ZOLA, *Les Trois Villes, «Paris»*, 1898, pag 200, l. 7.

* Cp. frohsdorfisme, chambordisme, etc.

** De l'adj. lat. plautinus.

*** Cp. parsifaliste, tristaniste, etc.

[46]wordsworthisme; «. . . une teinte très prononcée de *Wordsworthisme* (pardon du mot, mais il devient nécessaire).»
J. DARMESTETER, *Rev. crit.*, n° du 27 févr. 1882, pag. 172.

[47]zucchiste; *voir pag.* 16, 17, *s. v.* irvinguiniste.

Noms géographiques, avec la terminaison -ISME, -ISTE*.

[48]anti-algérianisme; «(sous la monarchie de Juillet) il y eut, paraît-il, un M. Desjobert qui se fit un nom par son anti-algérianisme.»
A. SOREL, *Rev. crit.*, n° du 12 déc. 1887, pag. 468, 469.

[49]arvernisme; «Le premier éditeur . . . avait découvert dans la *Passion* des *arvernismes* qui lui paraissaient incontestables.»
G. PARIS, *Romania*, I, 1872, pag. 275.

[50]champ-de-marsiste; «En effet, le duel entre les Courbevoisiens et les Champ-de-Marsistes s'accentue.»
Le Figaro du 14 janv. 1886 *(à propos de l'Exposition de* 1889*)*.

[51]dorisme; «Pindare, génie sévère et puissant, unit à l'esprit le plus pur du dorisme une imagination éclatante et hardie qui fait de lui le prince des lyriques grecs.»
A. CROISET, *Rev. bleue*, n° du 4 juin 1898, pag. 706, col. 2.

[52]florentisme; «. . . *elitta* pour *eletta*: il sera permis de considérer cette forme comme un florentisme.»
W. SÖDERHJELM, *Rev. des L. rom.*, XXXV, 1891, 4e série, 5, pag. 125; et l'*Extrait*, pag. 25.

[53]ibériste; «Les écrits de M. Luchaire se distinguent entre ceux des «ibéristes», si j'ose m'exprimer ainsi, par leur esprit méthodique, leur clarté et leur sobriété.»
J. VINSON, *Rev. crit.*, n° du 22 sept. 1877, pag. 168.

[54]limousiniste; «La Société «limousiniste» du Rat Penat.»
Romania, XVII, 1888, pag. 190, note 3.

---

* A ajouter, les mots dont il sera question plus loin: allemanisme, angliciste, anglo-normandisme, catalanisme, hispaniste, indo-germanisme, italicisme, parisisme, parnassisme, romanisme, russicisme. *Hasardée, l'assertion de* P. PLATTNER (Neufrz. Zeitschr., XI[1], 1889, pag. 153, 154): «Von geographischen Namen werden Ableitungen mit -iste nur in scherzhafter Weise oder mißbräulich gebildet.»

[55]lorettisme; «Boursicotiérisme et Lorettisme», *titre d'un petit volume in-12*, Paris, 1858.

[56]ouralo-altaïsme; «Le terme *langues touraniennes* devrait être à jamais banni de la science, son moindre défaut étant de ne rien signifier . . . En matière d'ouralo-altaïsme, . . .»

V. HENRY, *Rev. crit.*, n° du 17 nov. 1884, pag. 411.

[57]picardisme; «(document) entaché de *picardisme.*»

M. WILMOTTE, *Romania*, XVII, 1888, pag. 549;

«Les picardismes . . . ne me paraissent nullement probants.»

G. P., *Romania*, XXI, 1892, pag. 325.

[58]serbisme; «nombreux serbismes» *(dans un manuscrit écrit, en caractères glagolitiques, vers le* XIe *siècle dans les pays Croates ou Serbes).*

L. LEGER, *Rev. crit.*, n° du 21 avr. 1884, pag. 337.

[59]sicilianisme; «La langue poétique part du dialecte toscan, les traits dialectaux s'y infiltrant peu à peu selon l'origine des auteurs. Si les sicilianismes y sont nombreux, c'est que la splendeur de la cour impériale a rendu plus célèbres les compositions des poètes siciliens.»

E. LOESETH, *Romania*, XIV, 1885, pag. 300;

»Un ms., dont la langue est pleine de sicilianismes . . .»

H. MORF, *Romania*, XXI, 1892, pag. 95.

[60]sionisme; *mouvement national et politique parmi les Juifs, ayant pour but de faire réobtenir à tous les Israélites, actuellement dispersés sur la surface du globe, leur vieille patrie commune, la Palestine. En Amérique il y a nombre de Zion Societies, et en* 1897 *a eu lieu, à Bâle, un* Congrès des sionistes. «Nous apprenons la mort: . . . Du rabbin Mohilever, le fondateur du sionisme, décédé hier à Bialystok.»

Le Figaro du 10 juin 1898.

[61]suécisme; «Tous ces Suédois se permettent d'écrire le français comme nous — à part quelques légers *suécismes* — et en savent . . .»

Rev. de l'Enseignement secondaire et de l'Enseignement supérieur, 6me année, N° 8, 2me Semestre, 15 oct. 1889, pag. 383.

[62]toscanisme; «D'autre part la voyelle est renforcée

dans *sicondo* (secondo), *rilegioso* (religioso): ici paraît un toscanisme un peu outré.»

J. STORM, *Mém de la Soc. de Lingu. de Paris,* II, 1875, pag. 114.

{63a wallonisme,
{63b wallonnisme;

WILLEMS, *Verhandeling,* etc., I, 1819, pag. 35, note;
» » » » pag. 54.

Holo-phratismes. ***Locutions formées d'une phrase entière,*** **avec la terminaison -ISME, -ISTE,** et ayant l'apparence de noms composés*.

[1]je m'en fiche-isme; SPADA, *dans une de ses correspondances de Paris au STOCKHOLMS DAGBLAD* (n° du 13 mars 1898, *durant le procès* DREYFUS-ESTERHAZY-ZOLA), *met en contraste* «en fosterlandslös *je m'en fiche-isme» et* «den hätskaste *chauvinisme»***. *C'est en vain que l'on cherche, sous la lettre* j, *ce mot dans les Dictionnaires;* SACHS, *Suppl.*, 1894, *n'admet que, p. ex.,* «je-m'en-f. . tisme» *et* «je-m'en-moquiste». *Pourtant, en allant un peu plus loin, on tombe sur ce même mot écrit:* «menfichisme.»

Formation savante. ***Formation savante et artificielle,*** **avec la terminaison -ISME, -ISTE.**

-arisme, au lieu de -airisme*:**

64 insularisme†; «Le critique (anglais) ne croit pas être accusé «d'insularisme barbare» s'il . . .»

Rev. crit., n° du 15 mai 1882, au verso du premier feuillet de la couverture.

---

* D'après quelque type: aquoibonisme, ou n'importequisme.

** *c.-à-d.* le j'menfichisme des sans-patrie et le chauvinisme des patriotards.

*** Cp. glaciairiste, agrairiste à côté d'agrarianisme; unitairianisme, utilitairianisme et unitarisme, utilitarisme; autoritairisme à côté d'autoritarisme, etc. LITTRÉ n'approuve que cette dernière formation; dans son *Suppl.*, pag. 28, col. 3, il dit: *Il est bon d'observer qu'*autoritarisme *est juste, et qu'on fait un mot contraire à la loi de renforcement des voyelles sous le seul empire de l'accent, quand on écrit, comme quelquefois,* autoritairisme.

† Dans les dérivés de noms propres, -air- reste, et ne devient pas -ar-; p. ex. baudelairisme, macairisme (autre chose est macarisme), etc.

[65] militariste; «Bornons-nous à relever, dans les annales des États-Unis, pas mal d'accoutumances militaristes et socialistes.»

P. DE COUBERTIN, *Rev. bleue,* n° du 4 juin 1898, pag. 713, col. 1.

[66] solarisme; «Le solarisme boulangiste. Nous avons déjà eu l'occasion de prouver que la légende boulangiste a pour point de départ un mythe solaire (voir plus haut, t. IV, col. 155 et 231). Des documents récemment publiés confirment notre interprétation d'une façon éclatante.»

H. G., *Mélusine,* n° 5, sept.—oct. 1890, col. 115, 116.

-aniste, au lieu de -ainiste*:

[67] tibétaniste; «M. Rockhill est un déterminé tibétaniste. Je ne sais vraiment pas si, après Csoma, quelqu'un a lu plus de tibétain que lui.»

L. FEER, *Rev. crit.,* n° du 10 janv. 1887, pag. 21.

***Formation populaire,* avec la terminaison -ISME, -ISTE.** **Formation populaire.**

-eurisme, au lieu de -orisme:**

[68] amateurisme,
[69] demi-amateurisme;

Les Débats du 2 mars 1896.

***Modifications dans l'accentuation* de mots en -ISME, -ISTE.** **Modifications d'accentuation.**

-érisme, non -èrisme*:**

[70] sincérisme; «J'avais plaidé, non sans succès, auprès de Sainte-Beuve, la cause de ce que nous appelions le *sincérisme,* en le forçant de lire *Madame Bovary.*»

J. LEVALLOIS, *Rev. bleue,* n° du 16 févr. 1895, pag. 201, col. 1.

---

* Cp. domaniste, samaritaniste, etc., mais lendemainiste. Comme un exemple de l'ancienne formation populaire pourrait servir paienisme, en regard de la formation savante paganisme (voir plus haut, pag. 4, en note). Dans les dérivés de noms propres, -ain- reste, et ne devient pas -an-; p. ex. verlainiste.

** Cp. ascenseuriste, monseigneuristes, primeuriste à côté de, p. ex., extérioriste.

*** Cp. beaupérisme, mystérisme, etc. La même règle s'applique aux dérivés de noms propres, p. ex. déroulédisme.

-éniste, non -èniste*:

[71]cantiléniste; «M. Paulin Paris nous paraît s'être trompé en disant que «*chaque année, sous Pépin et sous Charlemagne, les cantilénistes se mettaient au courant et chantaient les événements de la dernière campagne*». Nous ne croyons ni à cette existence régulière des cantilénistes, ni à cette périodicité de leurs fontions.»

L. GAUTIER, *Ép. frçses,* I[2], 1878, pag. 78, note.

Formation irrégulière de mots en -ISME, -ISTE.

-ômisme, au lieu de -omisme:**

[72]jérômisme; «Le jeune Victor Napoléon vient de dire son mot dans la polémique que *le Napoléon* et *le Pays* soutiennent depuis quelque temps au sujet des opinions politiques et des sentiments religieux du jeune prince. Dans une lettre, publiée ce matin par le journal officiel du jérômisme, il . . .»

L'Indépendance belge du 18 avr. 1882;

{[II]jérômiste dans *Le Temps* du 13 janv. 1884; mais
{[jéromiste dans la Franco-Gallia, (B. UBER) III, 1886, page 161, d'après *Le Petit Journal* du 5 sept. 1885 et le *Suppl.* de DELVAU. De même P. PLATTNER, Neufrz. Zeitschr., XI[1], 1889, pag. 110, et SACHS, *Suppl.*, 1894.]

-etisme, au lieu de -étisme* (ou -ettisme†):**

[73]naquetisme; «Nous tombions de radicalisme en naquetisme, de naquetisme en nihilisme, et de nihilisme en anthropophagie . . .»

«*Fortengueulisme*» *de quelque journal politique d'il y a quelque quinze ans. L'on se moque, dans le même article, de* «*l'énorme popularité*» *de* M. CHESNELONG, *etc.*

* Cp. helléniste.

** Cp. fantomatique et fantômatique.

*** Cp. bossuétisme. De même, p. ex., planétiste (dans les seuls Dictionnaires de LA CURNE et de POUGENS).

† Cp. triboulettisme, badinguettiste (de Badinguet; Neufrz. Zeitschr. VI[2], 1884, pag, 186). En 1842, J.-B. RICHARD, de Radonvilliers, voulut nous gratifier d'un néologisme ainsi conçu: mauvaisujettisme (DARMESTETER, *Création*, etc., pag. 28). Cp. coquétisme à côté de coquettisme, et cocodétisme à côté de cocodetterie.

Mots en -ISME, -ISTE, ayant, avec la même signification, deux formes différentes. **Mots à double forme.**

{[74a] anglo-normandisme*; F. WULFF, cité par G. PARIS, *Romania*, XVII, 1888, pag. 301 et pag. 302;
{[74b] anglo-normannisme*; J. VISING, *Étude sur le Dialecte anglo-normand du* XIIe *siècle*, Upsala, 13 mai 1882, pag. 16.

{ [décadentisme; *passim*];
{[III] décadisme; «C'est toujours l'ancien style national, mais qui s'est figé. On se préoccupe à l'excès de la disposition des mots et de la sonorité des rimes. Une sorte de «décadisme» avant l'heure.»

L. GAUTIER, *Ép. frçses*, II², 1892, pag. 403. Cp. K. SACHS, Ueber die neueren französischen Literaturbestrebungen, besonders die Décadents; Neufrz. Zeitschr., XV¹, 1893, pag. 40, l. 2.

{ [décadentiste; *passim*];
{[IV] décadiste; «(Dans nos méchantes tirades du XIVe siècle) l'on est arrivé, plus d'une fois, à des vers . . . que signeraient seulement les décadistes de nos jours.»

L. GAUTIER, *Ép. frçses*, II², 1892, pag. 462.

{ [décentralisme, *système de décentralisation*];
{[75] décentralisationnisme**; «Mon *décentralisationnisme* (pardon!) n'en gémit nullement (de l'unité de législation des hommes de 1789). La pire décentralisation, c'est la décentralisation législative.»

É. FAGUET, *Rev. bleue*, n° du 9 oct. 1897, pag. 453, col. 2.

{ [eunuchisme***; *dans les Dictionnaires*];
{[V] eunucisme†; *dans un article relatif à un sermon du* P. MONSABRÉ, *sur* le Célibat. *Rev. moderne*, 1887, pag. 260.

{ [goncourisme††; SACHS, *Suppl.*, 1894];
{[VI] goncourtisme; «On regrette parfois que le goût du pittoresque induise l'auteur (H. BOUCHOT) en je ne sais quel

* Cp. allemandisme & allemanisme. LITTRÉ et SACHS: normanisme (avec une seule n).

** Cp. le mot, déjà cité, de THIERS: compensationniste. Voir pag. 7.

*** Lat. eunuchismus.

† Cp. «(Le célibat), doctrine eunucisant l'Humanité»; *Rev. mod.*, 1887, l. c.

†† Pour ce qui est de la forme goncourisme, on pourra y reconnaître une vague action analogique dans la suppression de la dentale finale du ra-

vague «goncourtisme», qui rappelle le «gongorisme» d'autrefois».

A. MICHEL, *Les Débats* du 26 déc. 1892.

«Ils font du Goncourt, «du Goncourt exaspéré»; périsse leur prétendu Goncourtisme.»

P. ALEXIS, *Le Figaro* du 29 févr. 1896.

{ [hybridisme];
{ VII hybrisme*; «Nous avons vu plus haut combien le langage était semé de mots hybrides; ici (dans l'*Homélie sur Jonas*) c'est le langage même que nous voyons hybride au plus haut degré. Cet hybrisme paraît avoir été l'instrument de la transition.»

F. GÉNIN, *Roland,* 1850, pag. LVII.

{ [irvingisme, *doctrine de* W. IRVING (1783—1859); SACHS, *Suppl.*, 1894];
{ irvinguiniste; *voir plus haut, pag.* 16, *Noms propres.*

{ [italianisme**; *déjà chez* H. ESTIENNE, *voir pag.* 4];
{ VIII italicisme***; «Il ne faut pas pousser bien loin l'examen de ce texte pour y reconnoître combien il abonde en *italicismes,* et nous qualifions par ce mot, faute d'un autre plus exact, non seulement les mots . . .»

CHAMPOLLION-FIGEAC, *L'Ystoire de li Normant,* 1835, pag. xcj.

{ [lendemaintiste†; SACHS, *Suppl.,* 1894];
{ IX lendemainiste††; «J'ai dû passer mon temps à courir les nouveautés comme un pur lendemainiste, soiriste au autre aristarquiste.»

«RASTIGNAC», *L'Illustration,* n° du 8 oct. 1887.

---

dical exercée par des dérivations telles que plafonnisme (de s, dans thiérisme); pour la forme goncourtisme, cp. (ornemaniste et) ornementiste.

* Dérivé moins logique que hybridisme; cp., pourtant, jésuitisme, *anc.* jésuisme; cosmopolitisme & cosmopolisme (MERCIER), préraphaélitisme & préraphaélisme.

** Cp. anti-algérianisme, parisianisme, sicilianisme.

*** Cp. anglicisme, belgicisme, flandricisme, russicisme (pag. 26, note ††).

† Cp., pour l'intercalation du t, bondieutisme, égotisme à côté d'égoïsme, etc.

†† Cp. aujourd'huiste, courriériste, quotidienniste, tribunaliste et autres journalistes.

{[mandéisme*; SACHS, *Suppl.*, 1894];
{X mandaïsme*; «Au premier abord le mandaïsme semble n'être qu'un produit du gnosticisme.»

R. DUVAL, *Rev. crit.*, n° du 10 févr. 1890, pag. 101.

{[parisianisme; *titre d'un livre de* C. NISARD, «De quelques PARISIANISMES populaires», Paris, 1876];
{XI parisisme; *à propos d'un livre allemand du Dr* C. VILLATE, Parisismen, Alphabetisch geordnete Sammlung, *etc.*, Berlin, 1884, L. BERTRAND *parle, dans un article écrit en français,* de parisismes.

Neufrz. Zeitschr., VI², 1884, pag. 185.

{[parnassianisme**; SACHS, *Suppl.*, 1894];
{XII parnassisme**; P. VÉRON, *Le Monde illustré*, n° du 25 mars 1882. *Ce même auteur,* P. VÉRON, *est cité, à propos justement du «Parnasse contemporain» de 1866, par* L. LARCHEY, *«Dict. hist. d'argot», 7me éd. 1878, s. v. Parnassiens. Ce dernier mot paraît être de* BARBEY d'AUREVILLY; *voir* K. SACHS, Ueber die neueren französischen Literaturbestrebungen, Neufrz. Zeitschr. XV¹, 1893, pag. 28.

{76a pétrarquisme†; «RONSARD selbst verdankt dem PETRARCA so viel, daß PESCHIER *(Hist. de la litt. fr.)* mit Recht von „*pétrarquisme*" sprechen kann.»

L'Archiv de *HERRIG*, I, 1846, pag. 66.

{76b pétrarchisme; «Ce travail (l'Étude de M. O. BACCI sur A. TASSONI, *Considerazioni sopra le Rime del PETRARCA*) est une contribution d'une réelle valeur à l'histoire du *pétrarchisme.*»

Rev. crit., n° du 31 oct. 1887, pag. 327.

{[vériste; SACHS, *Suppl.*, 1894];
{XIII vérétiste††; «La Société des Pastellistes est fondée. Nous aurons ensuite les Naturemortistes, les Portraitistes, les

---

* Cp. sabaïsme & sabéisme, et l'anglais Pharisaism & Phariseeism.

** Cp. antinomisme & antinomianisme, kantisme & kantianisme, lockisme & lockianisme, newtonisme & newtonianisme, etc.

† Cp. lockiste, que VOLTAIRE écrit loquiste.

†† formé, ou plutôt déformé, d'après ...? Médicinal, médeciner??

Léguinistes, les Panoramistes, les Vérétistes, un tas de noms en -iste qui finiront par casser la tête au public.»

«PERDICAN», *L'Illustration*, n° du 13 mai 1882.

77a victorisme,

77b victorianisme*; *ces formes se trouvent, toutes les deux, dans le même n° du Temps*, du 27 févr. 1884.

Doublets **Mots en -ISME, -ISTE, qui ont la même étymologie, mais auxquels l'usage a donné des acceptions différentes**.**

[allemandisme†, *manière de parler propre à la langue allemande*];

78 allemanisme†; «Puisqu'il (E. COMBES) voulait écrire un résumé de la littérature allemande, qu'avait-il besoin de faire des plaisanteries . . . sur ce qu'il nomme l'*Allemanisme* et la *Tudescité*?»

A. CHUQUET, *Rev. crit.*, n° du 12 déc. 1887, pag. 463.

[russisme††, *russophilie*];

79 russicisme††; «Mauvaise traduction allemande qui fourmille de russicismes et d'expressions de l'allemand de Pétersbourg.»

Rev. crit., n° du 16 août 1886, au verso du second feuillet de la couverture.

---

* Cp. lat. claudianistae (CLAUDIUS), ennianista (ENNIUS)

** Cp. chambriste, écolier qui a une chambre en ville (voir B. UBER, Franco-Gallia, III, 1886, pag. 45); camériste, dame de la chambre d'une personne de qualité (voir *Dict. génér.*). Cp. bicaméristе, SACHS, *Suppl.*, 1894.

grécisme, façon de parler particulière à la langue grecque; gréquisme, tricherie au jeu.

légalisme, «*Gesetzlichkeit*» (créé en 1867 par A. RÉVILLE; voir SCHOLLE, l'Archiv de *HERRIG*, XLII, 1868, pag. 123).

loyalisme; «. . . sans manquer au loyalisme qui m'attache à la maison de Savoie, répondit le commandeur (napolitain) . . .» A. FRANCE, *Le Mannequin d'osier*, 2e éd., 1887, pag. 26; Le «loyalisme allemand» de Bismarck, *Le Figaro* du 31 juillet 1898, *au lendemain de la mort de Bismarck;* «. . . absolu loyalisme envers la dynastie impériale du Japon», H. DUMOLARD, *Rev. bleue*, n° du 16 juillet 1898, pag. 84, col. 2; (*d'après les Dictionnaires:* fidélité soit aux Stuarts, soit — en Amérique — au gouvernement britannique).

† Cp. normandisme & normanisme.

†† Cp. celtisme & celticisme, misogallisme & gallicisme, helvétisme & helvéticisme, éclectisme & éclecticisme, platonisme & platonicisme, romantisme & romanticisme (forme employée, à côté de romantisme, pendant l'époque même des luttes sous la Restauration).

Mots en -ISME, -ISTE, qui sont les mêmes pour l'oreille, bien que l'orthographe ou l'origine du mot diffèrent*. **Homonymes.**

{[allemaniste, *partisan du socialiste* ALLEMANE];
{allemanisme; *voir plus haut, pag.* 26, *Doublets.*

{80 beyliste, ou Stendhalien;
J. CLARETIE, *Le Temps* du 30 mai 1884;
{[bayliste; «Il ne faut pas accuser M. A. DESCHAMPS (*auteur d'une* «Bibliographie Bayliste») d'avoir forgé le mot *bayliste*: il va lui-même au-devant du reproche, en rappelant que le mot était d'usage au siècle dernier.»

TAMIZEY DE LARROQUE, *Rev. crit.*, n° du 19 juillet 1879, pag. 57, note 2].

{[dentiste, *praticien qui soigne les dents*];
{81 dantiste; «Son recueil (*celui de* DEL LUNGO, «Dante ne' tempi di Dante») sera plus utile aux historiens du *Trecento fiorentino* qu'aux Dantistes.»

L. PÉLISSIER, *Rev. crit.*, n° du 27 mai 1889, pag 409.

{[hippocratiste, *celui qui adopte l'hippocratisme*];
{XIV hypocratiste; «Il avoit près de sa personne ce grand hypocratiste et anatomiste . . . A. VESALIUS (*ANDRÉ VÉSALE devint médecin de Charles-Quint en* 1545).»

BRANTOME, *Capitaines*, Charles-Quint.

***Synonymie de suffixes,* y compris la terminaison -ISANT du participe présent.** **Synonymie de suffixes.**

-ISME = -ERIE**.

{[bouquinerie],
{82 bouquinisme; «Diplomatie . . . et «bouquinisme».

Entrefilet de la Rev. bleue, n° du 12 févr. 1898, pag. 223, col. 1.

---

* Dans les Dictionnaires, on trouve des hymonymes tels que:

{analyste, celui, celle qui est versé dans l'analyse,
{annaliste, celui, celle qui écrit des annales;
{arianisme, hérésie des ariens,
{aryanisme, les peuples aryens;
{canoniste, homme instruit dans le droit canon,
{canonniste, fondeur de canons;
{gréviste, ouvrier qui prend part à une grève,
{grévyste, partisan du président GRÉVY;
{lulliste, LULLE (XIIIe siècle),
{lulliste, LULLI (XVIIe siècle).

** Cp. coquetterie & coquettisme, cocodetterie & cocodétisme, pédanterie & pédantisme, benoîtonnerie & benoîtonisme.

-ISTE = -IEN *.

83 ludoviciste**, *élève, ou ancien élève, du Lycée St. Louis;*
[ludovicien, *partisan de* LOUIS BONAPARTE;
voir P. PLATTNER, Neufrz. Zeitschr., XI^1, 1889, pag. 110].

84 nietzschiste;
[nietzschien]; «Dalilah, c'est ici . . ., la sœur de . . ., «femme fatale», nietzschiste ou nietzschienne, si j'ose m'exprimer ainsi.»

J. LEMAITRE, *Les Débats* du dimanche soir 22 déc. 1896.

-ISTE = -IER ***.

[fait-diversier];
85 fait-diversiste; «(Le journaliste d'Hennepont) pensait y avoir rivalisé de verve narrative avec les *fait-diversistes* parisiens les plus éminents.»

J. CAROL, *Rev. bleue*, n° du 9 avr. 1898, pag. 462, col. 1.

[nature-mortier];
86 naturemortiste; «PERDICAN», *L'Illustration*, n° du 13 mai 1882.

-ISTE = -EUR †.

[batailleur, *qui se plaît à batailler*];
XV-bataliste; «Quelques mots . . . détonnent, p. ex. *peintre-bataliste* pour «peintre de batailles» . . . etc.»

A. CHUQUET, *Rev. crit.*, n° du 7 juin 1886, pag. 458, note.

[médailleur, *celui qui grave les coins des médailles*];
XVI médaliste ††, *celui, celle qui se connaît en médailles; dans le* Journal de DU JUNCA (*Bibl. de l'Ars., ms.* 5133) *on trouve,*

* NIC. ORESME, dans sa traduction d'ARISTOTE, dit doriste, frigiste, lydiste pour dorien, phrygien, lydien. Cp. chronologiste, *anc.* chronologien, machiniste & mécanicien, normaliste & normalien, baconiste & baconien, dantoniste & dantonien, landerniste & landernien (cp. *Le Courrier de Vaugelas*, n° du 1ier sept. 1874, pag. 82, col. 2), etc.

** Cp. barbiste, charlemagniste.

*** Cp. bulletiniste & bulletinier, éventailliste & éventaillier, marronniste & marronnier, prébendiste & prébendier.

† Cp. bourdonniste & bourdonneur, dialogiste & dialogueur, monologuiste & monologueur, portraitiste & portraiteur, polkiste (LARCHEY) & polkeur, treillagiste & treillageur.

†† à côté de médailliste. Cp., pour la forme, éventaliste (*Dict. général*, ex. de 1690) à coté de éventailliste. Pour la presque-synonymie des suffixes, cp. détailliste, écrivain qui se complait dans les détails & détailleur, marchand qui vend en détail.

sous la date du 10 *oct.* 1690, *mentionné parmi les prisonniers de la Bastille:* «M. MOREL, médaliste».

Rev. bleue, n° du 26 mars 1898.

-ISTE = -EUX.

[cornemuseur, cornemuseux];

87 cornemusiste; «Un héros anglais. Chaque saison, Londres possède son homme du jour; tantôt . . . Cette année le roi du jour est le *piper* ou cornemusiste Findlater, récemment médaillé par la Reine pour avoir, dans la récente révolte des Afridis, joué sans arrêt de ses pipeaux entraîneurs d'hommes durant l'assaut des Gordon Highlanders, alors qu'il était atteint par les balles ennemies à la cheville droite et au pied gauche.»

Le Figaro du 11 juin 1898.

-ISTE = -ISANT *.

88 hispaniste; «. . . jusqu'au jour où une main expéri-

* Cp. arabiste & arabisant;
celtiste & celtisant;
germaniste & germanisant;
hébraïste & hébraïsant;
helléniste & hellénisant;
japoniste & japonisant;
provençaliste & provençalisant;
romaniste & romanisant;
sanscritiste & sanscritisant;
sémitiste & sémitisant;
slaviste & slavisant;
talmudiste & talmudisant: etc., etc.

Grécisant (à côté de gréciste) et latinisant (à côté de latiniste) ont des significations toutes spéciales. Cette dérivation, le suffixe -isant ajouté au radical, étant usuelle surtout dans la terminologie scientifique, il n'est pas étonnant qu'on ne trouve pas, dans les Dictionnaires, les participes ou adjectifs verbaux suivants:

archaïsant, SCHWEISTHAL, *Valeur de l'alph. lat.*, pag. 13, 41, 98, etc.;
arménisant, *Revue crit.*, n° du 24 nov. 1890, pag. 358;
aryanisant, » » » » 29 sept. 1884, pag. 251;
égyptisant (style ég.), » » » » 18 nov. 1889, pag. 360;
espagnolisant, » » » » 11 juin 1888, pag. 488;
homérisant, » » » » 10 oct. 1887, pag. IV;
(indisant, » » » » 20 mars 1882, pag. 240, note);
néo-atticisant, » » » » 5 nov. 1888, pag. 336;
nordisant, » » » » 15 oct. 1883, pag. 295;
phonétisant, GRANIER DE CASSAGNAC, *L'ORDRE* du 26 juillet 1874; «L'École des chartes passe son temps à changer des mots latins en mots français, en supprimant ou en remplaçant les lettres gênantes, comme les

mentée et savante saura construire le temple où viendront adorer tous les hispanistes.» A. M.-F., *Romania*, VII, 1878, pag. 352.

hispanisant; «Les indications bibliographiques, quoique incomplètes, seront aussi appréciées par les hispanisants.»
Romania, XX, 1891, pag. 374.

Parallélismes. **Mots en -ISME, qui n'avaient pas, jusqu'ici, dans les Dictionnaires, de termes correspondants en -ISTE,** et *vice versâ* *.

[agnosticisme; SACHS, *Suppl.*, 1894];
89 agnosticiste; (*en parlant du cours de* M. CARO): «l'ignorance ou le dédain érigé systématiquement en principe.»
J. CLARETIE, *Le Temps* du 1ier févr. 1884.

[anglicisme; *dans tous les Dictionnaires*];
90 angliciste; «Il vient de se fonder en Allemagne une Association de «néophilologues», c'est-à-dire essentiellement de romanistes et d'anglicistes.»
Romania, XV, 1886, pag. 637.

---

tailleurs en vieux changent les habits en vestons, en coupant les basques. Le plus docte de la maison, M. GASTON PARIS, prouve hardiment qu'avec le pronom latin *illum*, on a fait l'article français *le*, en supprimant quatre lettres inutiles, l'*i*, l'*u*, l'*emme* et l'*elle*, et ajoutant une lettre nécessaire, l'*e*. Cet art s'appelle la *phonétique;* et les phonétisants emploient leur vie à changer les *d* en *t*, les *a* en *o*, les *v* en *f*, faisant perpétuellement des mots français avec des mots latins.» *(Sic!)*

* A cette liste de parallélismes il faut ajouter quelques mots de la même catégorie mentionnés autre part dans cet article, à savoir:

allemanisme,
[allemaniste];
[beylisme],
beyliste;
bouquinisme,
[bouquiniste];
conformisme,
[conformiste];
décadisme,
décadiste;
étymologisme,
[étymologiste];
[hispanisme],
hispaniste;
[irvingisme],
irvinguiniste;
jérômisme,
[jéromiste &] jérômiste;
jingoïsme,
jingoïste;
[militarisme],
militariste;
pétrarquisme & pétrarchisme,
[pétrarquiste];
[phonétisme, *pag.* 13],
[phonétiste, *pag.* 30];
pneumatisme,
[pneumatiste];
sionisme,
sioniste;
tombolisme,
tomboliste.

[catalaniste; SACHS, *Suppl.*, 1894];
91 catalanisme; «Je comptais à ce propos disserter un peu sur les origines du *catalanisme* politique: j'attendrai maintenant l'édition de la nouvelle *Biblioteca.*»

A. MOREL-FATIO, *Romania,* XVIII, 1889, pag. 189, 190;

«Il (J.-M. GUARDIA) en vient à déclarer que le catalanisme, ou le mouvement littéraire catalan, «est au fond un mouvement politique et social.»

A. MOREL-FATIO, *Romania,* XIX, 1890, pag 142.

[chatnoiriste; SACHS, *Suppl.*, 1894];
92 chatnoirisme; M. J. DU TILLET *dit, dans la Revue bleue du samedi 31 déc. 1892, en se servant du vocable chatnoiresque:* «je crois que l'adjectif est de M. J. LEMAITRE». *Ce dernier, en effet, avait parlé, quelques jours auparavant, dans les Débats du lundi 26 déc., d'*«un certain mélange d'atticisme, de parisianisme et de chatnoirisme».

XVII indogermanisme,
XVIII indogermaniste*;

Rev. crit., n° du 17 oct. 1887, pag. 258;
» » » » 3 janv. 1887, » 7.

[intervention(n)iste; SACHS, *Suppl.*, 1894];
93 interventionnisme; «C'est, dit-on, une «intervention de l'État». L'objection a été faite à la Chambre. M. le ministre du commerce y a répondu l'autre jour avec une crânerie dont il faut le louer: «Pourquoi reculerais-je devant cette accusation d'interventionnisme? Qu'est-ce donc que l'État, si ce n'est l'intervention sagement organisée?»

J.-P. LAFITTE, *Rev. bleue,* n° du 13 nov. 1897, pag. 609, col. 1.

[ironiste; LITTRÉ, *Suppl.*, 1877];
94 ironisme; «L'ironie supérieure constitue un vrai système philosophique, à tel point que l'on a éprouvé le besoin de l'appeler l'ironisme.»

G. SYVETON, *Rev. bleue,* n° du 23 oct. 1897, pag. 537, col. 1.

[mahdiste; SACHS, *Suppl.*, 1894];
95 mahdisme; «La subite activité déployée aux avant-

* Cp., dans les Dictionnaires, germanisme & germaniste.

postes anglo-égyptiens au Soudan . . . n'a pas d'autre but que de tenter un vigoureux effort pour en finir avec le Mahdisme.»

C. GIRAUDEAU, *Rev. bleue,* n° du 22 janv. 1898, pag. 124, col. 1;

«L'auteur (P. DE LAURIBAR, «Douze ans en Abyssinie») commence par nous donner une histoire très succincte du Mahdisme.»

G. ART, *Rev. bleue,* n° du 2 juillet 1898, pag. IV, col. 1.

[misonéisme; SACHS, *Suppl.*, 1894];
96 misonéiste; «Le rire est particulier aux esprits rudimentaires, . . . aux incompréhensifs et aux misonéistes, (aux *misonéistes.* oui, je dis bien; . . . aïe! aïe!).»

A. BEAUNIER (*à propos de* M. NORDAU, «Psychologie de la blague»), *Rev. bleue,* n° du 9 avr. 1898, pag. 476, 477.

[romaniste; *déjà chez* RABELAIS, *voir plus haut, pag.* 4];
97 romanisme; «En Afrique, ce ne furent pas les Vandales qui mirent fin au romanisme.»

G. PARIS, *Romania,* I, 1872, pag. 18;

«. . . favet fortuna suum velle[3] . . .»

[3] Romanisme évident.

G. PARIS, *Hist. poét. de Charlemagne,* 1865, pag. 466, note 3;

«Nom donné en Angleterre à l'Église romaine.»

LITTRÉ, *Dict.*

[salutiste; B. UBER, Neufrz. Zeitschr. VIII[1], 1886, pag. 365];
98 salutisme; «Le *salutisme* de miss Booth.»

Le Temps du 25 avr. 1884.

[taoïste & tahoïste; SACHS, *Suppl.*, 1894];
99 taoïsme; «. . . vieux fond de conceptions anamites, auxquelles se sont superposées et amalgamées . . . celles du bouddhisme, du taoisme et de la religion des lettrés.»

A. B., *Rev. crit.,* n° du 25 oct. 1886, pag. 315.

[utraquiste, subutraquiste; *dans les Dictionnaires*];
100 utraquisme; «On a accusé d'«utraquisme», c'est-à-dire d'hérésie hussite, l'ancienne version allemande (de la Bible).»

S. BERGER, *Romania,* XVIII, 1889, pag. 399.

LISTE

des

cent mots nouveaux

et de

quelques formes nouvelles en -ISME-, -ISTE.

---

* **Postscriptum.** Au dernier moment, il se trouve que le mot **satanisme** figure dans le Dictionnaire de LAROUSSE (d'après MICHELET); par contre, l'article de fond qui ouvre le deuxième semestre de cette année de la *Revue bleue*, apporte deux nouveaux modernismes: **commercialisme** et **conformisme**; toujours des mots nouveaux!

www.ingramcontent.com/pod-product-compliance
Ingram Content Group UK Ltd.
Pitfield, Milton Keynes, MK11 3LW, UK
UKHW022155190726
13855UKWH00004B/1498

9 782013 079488